AF380999

RÉALISER SES AMBITIONS

Techniques et conseils
pour acquérir les réflexes de réussite

Par Sophie Vercruysse

50MINUTES.fr

RÉALISER SES AMBITIONS

- **Problématique ?** Comment transformer ses rêves en réalité afin de s'épanouir professionnellement et prendre son destin en main ?
- **Utilité ?** L'ambition est un moteur, une force qui nous pousse à vouloir le meilleur pour notre avenir. Encore faut-il savoir par où commencer et mettre en place un plan d'action pour concrétiser nos rêves !
- **Contexte professionnel ?** Gestion de carrière, management, reconversion professionnelle, création d'entreprise, etc.
- **FAQ ?**
  - La réussite ne dépend-elle que de soi ?
  - Comment bien s'entourer pour développer ses chances de succès ?
  - Pour réussir, faut-il se fier à son instinct ?
  - Peut-on être ambitieux tout en respectant des valeurs d'altruisme, d'empathie et de générosité ?

- Une personne ambitieuse doit-elle forcément être sûre d'elle et décomplexée ? Quels sont les bagages nécessaires à la réussite ?
- Comment fait-on pour rebondir et réussir après un ou plusieurs échecs professionnels ou privés ?
- Comment les femmes peuvent-elles développer leur ambition ? Ne serait-ce pas un domaine plutôt masculin ?
- Faut-il disposer de beaucoup d'argent pour réussir ?
- Le succès peut-il arriver tout à coup, sans que l'on s'y attende ?
- Y a-t-il une limite d'âge pour réussir sa vie professionnelle ?

> « Le succès n'est pas la clé du bonheur. Le bonheur est la clé du succès. Si vous aimez ce que vous faites, vous réussirez. » Albert Schweitzer (humaniste et prix Nobel de la paix, 1875-1965)

Aujourd'hui, réussites sociale et professionnelle sont devenues primordiales. Elles sont un moyen de se révéler à soi-même et aux autres.

Pour parvenir à concrétiser ses rêves, on peut s'inspirer de ceux qui ont touché au but. Les médias et les réseaux sociaux regorgent de récits passionnants de personnes audacieuses à qui tout semble sourire. Comme celui d'Olivier qui, sans aucun diplôme en poche, a lancé une start-up dans les nouvelles technologies et qui ne cesse de croître. On entend aussi de jolies histoires de reconversion professionnelle : Cécile travaillait dans la publicité et la voilà à la tête de son propre restaurant (« Cécile, chef cuisinier », in *LesNouveauxAudacieux.com*, décembre 2015). Et bien sûr, au sein des entreprises, on assiste également à des ascensions qui méritent le respect : tel collègue a franchi tous les échelons de la société et assume aujourd'hui un poste à hautes responsabilités.

Comment s'y sont-ils pris pour arriver à leurs fins ? Quel est leur secret ? La chance, un destin favorable… ? Non, il faut vite se rendre à l'évidence : même si la chance peut être utile, elle a peu de lien avec la réussite à long terme. Alors, comment mener cette carrière exemplaire ? Comment devenir l'acteur de ses rêves ? Comment donner vie à ses ambitions et prendre son destin en main ?

Il existe une corrélation indéniable entre l'ambition et la réussite. En règle générale, la première apparaît comme l'attitude, l'ingrédient indispensable à la seconde. Mais le succès est aussi une affaire d'audace et d'opportunités, ou plutôt de création d'opportunités. Il n'arrive jamais par hasard. S'il doit d'abord être rêvé – c'est ici qu'intervient l'ambition –, il faudra ensuite le penser, l'élaborer et le construire. Pour ce faire, des techniques permettent de clarifier les objectifs que l'on s'est fixés et de cheminer étape par étape.

Par ailleurs, même s'il faut mettre en place un plan d'action, il est nécessaire de suivre ses intuitions : cette petite voix intérieure est souvent clairvoyante. Elle nous parle de nos aspirations profondes, de ce qui fait vibrer nos émotions et fait référence à nos valeurs. Il ne sert en effet à rien de se fixer un objectif mirobolant, alors qu'il ne nous correspond pas vraiment.

Si vous souhaitez donner vie à un projet, réaliser enfin votre rêve, rencontrer vos aspirations profondes, ce livret est pour vous. À travers quelques clés utiles pour mobiliser vos ressources, il vous aidera à y voir plus clair et à élaborer une ou plusieurs stratégies pour y parvenir.

B.A.-BA DE L'AMBITIEUX HEUREUX

DÉFINITION DE LA NOTION D'AMBITION

Étymologiquement, ambition vient du mot latin *ambitio* qui signifie « aller autour », « tourner autour » (*amb* : autour et *ire* : aller), « entourer », « briguer des suffrages ». Selon la définition du Larousse, ambition signifie « désir ardent de réussite, de fortune », « désir profond de quelque chose ».

Un mot à double sens

Très utilisé dans le langage courant, il s'agit néanmoins d'un mot assez ambivalent qui recouvre plusieurs notions. Le terme « ambition » peut être connoté négativement car il est parfois perçu comme le contraire de l'humilité et de la modestie. Dans cette acception, l'ambition s'assimile plutôt à de l'arrivisme prétentieux.

Dans son ouvrage *L'Ambition ou l'épopée de soi*, le philosophe Vincent Cespedes cite l'historien français Jules Lacroix de Marlès pour définir la notion d'ambition. Selon cet auteur du xixe, « on doit distinguer dans l'ambition deux natures. L'une élevée, généreuse, presque magnanime. L'autre sombre, jalouse, inquiète, basse et très peu délicate dans le choix des instruments qui la servent. » Vincent Cespedes y conclut : « Deux natures pour deux pôles moraux : le bien et le mal. Dans notre époque nihiliste et si peu altruiste, l'ambition du Bien serait-elle à redécouvrir ? » (CESPEDES (Vincent), *L'Ambition ou l'épopée de soi*, p. 16)

Vers l'ambition créatrice

Cet éclairage philosophique et moral est important pour mieux définir le cadre dans lequel s'inscrit ce petit livre. C'est de cette ambition positive et altruiste dont il est question ici, de cette force créatrice d'énergie, motrice de rêves, d'audace et de réalisation, à la fois personnelle et collective. Le philosophe français Michel Onfray (né en 1959) contribue aussi à réhabiliter le terme. Selon lui, « l'ambition est le désir légitime de parvenir à ses fins dans une réalité où les règles sont respectées. » (Jacob (André) et Auroux (Sylvain), *Encyclopédie philosophique universelle Tome II : Les Notions philosophiques*, Volume I, p. 68)

C'est donc dans cette vision positive et débarrassée de ses oripeaux égocentriques que nous vous proposons de vous mettre au travail. Munissez-vous d'une grande feuille, d'un crayon, d'une gomme et de mémos adhésifs, et installez-vous confortablement dans un endroit calme et agréable !

LAISSER PLACE AU RÊVE

Cette première étape consiste à laisser libre cours à l'imagination pour répondre à la question suivante : que rêvez-vous de faire dans ou de votre vie ?

Passion et positivisme

Choisissez un moment où vous vous sentez bien pour répondre à cette question, car il faut réfléchir à ce que l'on veut vraiment. En effet, la réponse ne doit pas être une fuite inconsciente de la situation présente dont on ne veut plus. Cette capacité à se tourner vers le positif est centrale ici, mais le sera aussi tout au long du processus. Cultiver les émotions positives permet de maintenir son attention vers son objectif, tandis que les émotions négatives, telles que l'anxiété, la peur, le doute, la culpabilité, le découragement ou l'impuissance auront un effet paralysant, destructeur et énergivore.

À ce stade, la seule contrainte à respecter est de penser à des activités qui peuvent vous rendre heureux. En effet, il faut à tout prix aimer les objectifs que l'on se fixe, car c'est cela qui façonnera la motivation nécessaire pour les poursuivre. Alors laissez-vous rêver et enthousiasmez-vous !

En harmonie

N'hésitez pas à faire des colonnes pour distinguer vos objectifs professionnels de ceux qui vous sont plus personnels, tels que les aspects de votre personnalité que vous souhaitez développer. Profitez-en pour ajouter des aspects plus privés liés à votre vie familiale, à votre couple et à vos loisirs. En effet, vie professionnelle et vie privée forment un seul et même tout et il faudra concilier tous ces éléments pour arriver à un ensemble harmonieux.

Pistes de réflexion

Quel serait l'emploi de mes rêves ?	Ouvrir un restaurant
Où rêverais-je de travailler ?	À la Côte d'Azur
Quelles sont mes attentes dans ma vie privée ? (couple, enfants, amis)	• Vivre en couple et avoir des enfants • Faire de nouvelles connaissances
Parmi mes passions, quelles sont les choses que je rêverais de réaliser ?	• Découvrir l'Argentine • Écrire un livre • Sauter en parachute
Quels sont les talents, les aptitudes que j'aimerais développer ?	• Suivre des cours de photos • Apprendre l'espagnol

Énoncer clairement ses objectifs leur donne une réalité. La mise en mots est l'étape initiale à la concrétisation des rêves, car cela les transforme en objectifs tangibles. En le verbalisant, vous changez le statut de votre rêve qui passe de l'abstraction à la réalité.

PRÉCISER SES OBJECTIFS

Une fois ce travail terminé, concentrez-vous sur votre/vos objectif(s) professionnel(s). Vos autres objectifs pourront faire l'objet d'une analyse ultérieure.

Authenticité

Prenez un peu de recul et demandez-vous si votre objectif vous est vraiment personnel. Il s'agit de faire la différence entre une jolie idée alléchante et un objectif auquel on pense sans cesse, qui nous taraude et sans lequel on ne peut pas imaginer son futur. Si c'est une chose à laquelle on pense à longueur de journée, cela vaudra vraiment la peine de s'y accrocher et de tout mettre en œuvre pour la concrétiser. Un exercice efficace pour savoir si l'on se fixe les bons objectifs consiste à se projeter dans le futur et à percevoir les émotions ressenties en imaginant le but atteint.

Deux méthodes d'analyse

La méthode SMARTE et l'analyse SWOT apporteront des éclairages spécifiques et très riches pour clarifier l'objectif visé et le cadre dans lequel il s'inscrit.

- La méthode SMARTE est couramment utilisée en gestion de projets et dans le cadre du développement personnel. Elle permet de définir clairement un objectif afin que celui-ci puisse être atteint. Un objectif est considéré comme SMARTE lorsqu'il est :
  - Spécifique, c'est-à-dire que l'objectif doit être énoncé avec précision et adapté au contexte personnel ;

Questions	Exemple
Qu'est-ce qui a besoin d'être fait ?	Trouver un emploi de webdesigner
Pourquoi est-il important de le réaliser ?	Pour gagner ma vie et m'épanouir professionnellement
Où doit-il/peut-il être réalisé ?	Dans le secteur non-marchand
Qui va le réaliser ?	Moi
Quand doit-il être atteint ?	Le plus rapidement possible, mais je me fixe trois mois pour y parvenir
Comment y parvenir ?	En postulant, en multipliant les contacts avec des employeurs potentiels, en allant à des événements où je pourrais entrer en contact avec eux.

- Mesurable, c'est-à-dire qu'il doit pouvoir être quantifié. Pour cela, il faut clarifier les indicateurs pertinents qui seront le signe que l'objectif est atteint. Ceci vous permettra également de fixer des objectifs intermédiaires ;

Question	Exemples
Quelles actions mesurables puis-je mener ?	<ul><li>Répondre à cinq annonces par semaine</li><li>Envoyer cinq candidatures spontanées par semaine (recherche de personnes de contact, appels, informations sur les sociétés, via Linkedin, Facebook)</li><li>M'inscrire sur Linkedin et insérer deux publications par semaine</li><li>Assurer le suivi des candidatures en attente</li><li>Aller à un événement par semaine où je peux rencontrer des employeurs potentiels</li><li>Me remettre à niveau en anglais : cinq heures par semaine</li></ul>

◦ Atteignable dans le cadre temporel fixé ;

Question	Exemple
• L'objectif est-il atteignable dans le temps prévu ? • Ai-je les ressources nécessaires pour l'atteindre ? • Est-ce que je comprends bien les limites et les contraintes ? • Est-ce que quelqu'un d'autre est déjà arrivé à accomplir ceci avant ?	Théoriquement, je peux tout à fait arriver à décrocher un job de webdesigner avant trois mois. Je dispose du diplôme nécessaire ainsi qu'une courte expérience significative. Avec ma remise à niveau en anglais, j'aurai toutes les compétences requises. Je m'organise pour avoir le temps de postuler et d'être actif au sein de mes réseaux virtuels et physiques tout en menant des activités parallèles.

- Réaliste, c'est-à-dire pertinent et directement lié à la personne qui doit le mettre en œuvre. Il peut être ambitieux, mais il doit rester accessible et il faudra se demander si l'on dispose des capacités, des compétences et des diplômes nécessaires pour atteindre l'objectif ;
- Temporel, c'est-à-dire assorti d'un délai précis, d'un cadre temporel, d'une échéance. En effet, un objectif sans échéance aura tendance à être repoussé et à s'étaler dans le temps, voire à ne jamais être réalisé. Il est également possible, et même recommandé, de se fixer des échéances intermédiaires ;
- Éthique, c'est-à-dire en accord avec vos valeurs. Vous devez déterminer les véritables motivations qui vous poussent à agir et vérifier qu'elles sont éthiques et correspondent vraiment à vos valeurs.

PETIT PLUS

Formulez l'objectif de manière positive (pas de « ne pas… ») et si possible au présent. Dans notre exemple, cela donnera : « Je veux trouver un emploi de webdesigner à plein temps dans le secteur associatif ou public d'ici trois mois. »

- Dans un second temps, pour analyser un objectif dans sa globalité, il existe un excellent outil : l'analyse SWOT. Cette méthode permet d'analyser rapidement le cadre global dans lequel s'inscrit votre objectif. Celui-ci se compose d'éléments internes liés à votre personne (forces et faiblesses) et externes en lien avec l'environnement dans lequel il s'inscrit (opportunités et menaces). Au moment de remplir le tableau, vous devrez veiller à hiérarchiser les éléments classés par intensité décroissante et indiquer trois à cinq éléments maximum pour permettre une lecture claire des résultats.

Exemple de SWOT du webdesigner

Forces (S)	Faiblesses (W)
• Bonne connaissance des langages et outils du Web • Bilingue : français et anglais (technique) • Intérêt pour les nouvelles technologies	• Mauvaise connaissance du néerlandais • Devra sous-traiter certains aspects informatiques auprès d'un développeur • Peu d'expérience
Opportunités (O)	Menaces (T)
• Secteur en croissance • Nouveaux marchés : e-commerce, applications • Développement des médias sociaux	• Concurrence importante • Évolution très rapide de la technologie • Simplification des tâches : nouvelles plateformes qui permettent aux entreprises de créer leur site elles-mêmes.

ENTRER EN CONTACT AVEC SON OBJECTIF

Dès que possible, il faudra rencontrer des gens qui travaillent dans le secteur que l'on vise, visiter des projets qui s'en rapprochent, interroger les personnes qui possèdent une expertise. Sortez de votre bulle ! Parlez de votre projet de façon authentique sans trop entrer dans les détails.

Créer un pitch pour son projet

Mais avant d'entrer en contact, préparez vos entrevues et rédigez une petite présentation de quelques secondes (une à deux minutes maximum), soit de votre projet, soit de vous-même. Vous pouvez vous inspirer de l'*Elevator Pitch* dont voici un canevas parmi d'autres :

- **Identification :** « Bonjour, je m'appelle… Et mon projet s'appelle… »
- **Problème** : « Vous n'avez jamais remarqué que… » ou petite histoire (très courte)
- **Cible :** « … s'adresse à tous ceux qui… »
- **Service rendu** : « … et il permet de… »
- **Besoins** : « Pour lancer… j'ai besoin de… » (financement, spécialistes, etc.)

- **Rappel :** « Merci pour votre attention, je vous rappelle le nom de mon projet... ! »

Cette étape vous permettra de confronter votre idée à la réalité, de nourrir votre réflexion, de rencontrer des spécialistes, des employeurs potentiels, voire vos premiers clients si vous visez une création d'entreprise.

PEUR QU'ON VOUS VOLE VOTRE IDÉE ?

D'autres avant vous y ont peut-être déjà pensé, sont en train d'y penser ou trouveront votre idée inspirante. Cela prouvera uniquement que vous êtes sur la bonne voie. N'ayez donc pas trop de craintes car, à la différence d'eux, vous n'en êtes plus au stade du rêve. Vous êtes en train de vous donner les moyens d'atteindre votre objectif. Un énorme pas a déjà été franchi. Une idée, même excellente, n'a pas de valeur en soi ; c'est votre personnalité et la manière dont vous vous y prendrez pour la réaliser qui vous distingueront des autres. Néanmoins, si votre idée est vraiment innovante, renseignez-vous sur les moyens légaux qui vous permettront de la protéger (brevet, dépôt de marque, droits d'auteurs, etc.).

S'immerger dans l'atmosphère

Promenez-vous dans une boutique proche de celle que vous souhaitez ouvrir. Sentez l'atmosphère du restaurant de vos rêves et discutez avec le patron. Franchissez la porte de l'entreprise où vous souhaitez postuler. Discutez avec des personnes qui exercent le métier dont vous rêvez. Comment vous sentez-vous ? Cela vous correspond-il ? Que feriez-vous différemment ? Cette immersion vous apportera une foule d'indications précieuses et, en plus de vous confronter à la réalité, vous permettra d'établir vos premiers contacts professionnels.

Développer son réseau

À l'heure d'Internet et des médias sociaux, il est aisé d'entretenir des contacts avec une foule de personnes, en ce compris celles que l'on aurait eu du mal à approcher auparavant.

Le réseau se compose à la fois des personnes proches (famille, voisins, amis, anciens collègues) que de celles liées à sa sphère d'activité, d'experts, journalistes, politiques. Il ne faut pas hésiter à saisir toutes les occasions pour agrandir son cercle de connaissances. Chaque circonstance peut vous amener à faire de nouvelles rencontres et les réseaux sociaux permettent de prolonger et de maintenir le contact.

L'intérêt du réseau est qu'il peut vous fait gagner beaucoup de temps à de nombreux égards : mise en relation, information, coups de pouce, ouverture vers de nouveaux horizons, etc. Ils fonctionnent sur le modèle de la solidarité et de l'échange. Réfléchissez donc à ce que vous pouvez apporter à ces personnes de votre côté et n'oubliez pas de remercier ceux qui vous ont aidé.

CROIRE EN SOI

L'analyse SWOT vous aura permis de pointer les grandes compétences dont vous disposez pour mener votre projet ainsi que les éléments contextuels qui lui sont favorables. Énoncez maintenant tous vos autres atouts et croyez en votre capacité à pouvoir les déployer au moment opportun.

Se nourrir de ses réussites

Un bon exercice pour croire en vous est de vous remémorer les grands défis que vous avez réussi à relever : réussite d'un examen difficile, aboutissement d'un projet personnel avec succès, situations où vous vous êtes montré audacieux, etc. Le rappel de la volonté, de la persévérance et de la motivation dont vous avez fait preuve vous servira de carburant pour affronter de nouvelles épreuves et vous dépasser à nouveau.

Bien s'entourer

Écoutez les conseils pertinents et constructifs qui vous permettront de prendre les bonnes orientations, mais fermez vos oreilles aux informations négatives. Détournez-vous des médias qui distillent la peur et des interlocuteurs qui se montrent défaitistes et négatifs. Il y a fort à parier qu'ils parlent de leurs peurs personnelles et de leur propre incapacité à croire en eux. Protégez-vous et, au besoin, trouvez une personne qui pourra vous coacher pour maintenir votre cap.

ÉLABORER UN PLAN D'ACTION

Identifier les ressources nécessaires

L'analyse SWOT aura montré certaines capacités ou compétences qui vous font défaut ainsi que des éléments extérieurs moins favorables à votre projet. Qu'à cela ne tienne, il vous faudra trouver les informations manquantes, suivre les formations, repérer les professionnels ou les organismes qui vous apporteront les clés manquantes. Établissez ainsi la liste de toutes les tâches, ressources, formations, informations, lectures, et de tous les professionnels dont vous aurez besoin pour mener votre projet à bien.

Se fixer des échéances

Il faudra quantifier le temps nécessaire pour atteindre votre but et fixer des étapes intermédiaires à sa réalisation. Chaque étape devra être énoncée de façon SMARTE.

Mettez tous les éléments à plat et élaborez votre plan d'action. Fixez-vous des échéances précises et tenez-vous-y, car le quotidien aura vite fait de vous rattraper et de vous éloigner de vos objectifs si vous n'y prenez pas garde.

Quoi	Comment	Avec (qui)	Pour quand	Fait (cocher)

Établir un budget

Après cette clarification, vous pourrez plus aisément définir les ressources dont vous aurez besoin. Pensez à chaque aspect de la question, car il faudra établir un budget précis. Combien coûte la formation ? Quels investissements seront inévitables pour mettre en place mon projet ? Un déménagement est-il à prévoir ? Dois-je établir un plan de financement ? De quelle rémunération ai-je besoin pour vivre ?

PASSER À L'ACTION DÈS QUE POSSIBLE

N'attendez pas d'avoir passé toutes les étapes avant de démarrer votre prospection, de tester vos produits, de proposer vos services. Votre formation n'est pas encore terminée ? Ce n'est pas grave, renseignez-vous sur les employeurs auprès desquels vous pourriez postuler. Rencontrez-les. Proposez de faire un stage dans leur entreprise. Vous souhaitez démarrer votre activité ? N'attendez pas que votre site web soit créé, commencez à en parler sur les réseaux sociaux. Vendez sans attendre. Vos premiers clients vous apporteront une foule de renseignements précieux sur le profil de votre clientèle, ses besoins, son fonctionnement, le moyen de l'atteindre.

Sortez de votre zone de confort et réfléchissez à tout ce que vous pouvez mettre en œuvre dès aujourd'hui.

NE JAMAIS ABANDONNER, MÊME APRÈS UN ÉCHEC

Motivation, passion et persévérance seront les carburants essentiels pour avancer. Félicitez-vous de chaque étape franchie, de chaque réussite, tout en prenant soin de vous et en restant bienveillant avec vous-même. Dressez chaque jour un petit bilan de tout ce que vous avez fait dans la journée et mettez l'accent sur les points positifs.

Au moment de démarrer votre journée, commencez par travailler sur une tâche essentielle pour votre projet, même si c'est pour dix minutes. Certains aimeront accomplir en premier lieu ce qui les ennuie le plus afin d'éviter la procrastination. D'autres préféreront au contraire entamer la journée avec une tâche qu'ils apprécient pour mieux attaquer les activités rébarbatives par la suite. Quelle que soit la méthode qui vous motive, l'important est de travailler un peu chaque jour sur les tâches à forte valeur ajoutée. Ce réflexe vous permettra d'avancer plus vite et de réorienter vos actions plus rapidement si elles n'ont pas porté leurs fruits.

Si vous rencontrez des échecs, ne les voyez pas comme tels. Tirez des enseignements et des acquis de ces épreuves. Ils vous apporteront des indications pour changer votre fusil d'épaule et réorienter vos démarches.

Lorsque vous atteignez un de vos objectifs, fixez-vous-en un autre, sans pour autant devenir obsessionnel. Sachez lâcher prise et vous détacher provisoirement de votre rêve. Cela vous permettra de respirer et d'y revenir en étant plus reposé et disponible. Cela favorisera par ailleurs la créativité qui a besoin de liberté pour émerger.

TOP CONSEILS

- Pour réaliser vos ambitions, il vous faudra identifier, apprivoiser et dépasser vos peurs. Une bonne manière de les relativiser et de s'en distancier est de se concentrer sur le « ici et maintenant ». La méditation en pleine conscience est un outil excellent pour y parvenir.
- Adoptez la positive attitude, car ce que vous reflétez influencera la manière dont vous vous percevrez et celle dont les autres vous verront. Alors, souriez et tournez-vous vers les personnes souriantes et qui vous apprécient !
- Veillez à prendre soin de vous et aussi à cultiver la bienveillance envers vous-même. Pensez à sortir régulièrement de votre projet, à vous aérer la tête, à faire du sport, à passer des moments de qualité en famille, à voir vos amis. Ces activités vous ressourceront et vous permettront de maintenir votre cap.
- Utilisez les bons réseaux sociaux et ne mélangez pas trop les sphères privées et professionnelles. Veillez à bien configurer la confiden-

tialité de vos profils afin de maîtriser l'image que vous véhiculez sur le Web et présentez vos profils en fonction de vos domaines d'intérêt.

- Tirez des enseignements de vos échecs et cultivez un regard bienveillant sur vous-même lorsqu'ils se produisent. Ne restez pas figé, blessé, face à celui-ci et ne vous découragez pas. Essayez de le regarder en face, de le comprendre. Un échec peut devenir un guide, un tremplin vers de nouvelles opportunités.

- Réfléchissez aux personnes qui peuvent vous servir de modèles et nourrissez-vous de leur exemple. Essayez de les rencontrer et de discuter ouvertement avec elles. Vous pourrez bénéficier de leur expérience et de leurs conseils éclairés.

- Si vous manquez d'assurance, sachez qu'il est possible d'apprendre à s'affirmer à tout âge. Travaillez votre posture, l'image que vous véhiculez, votre manière de prendre la parole, de vous présenter. Au besoin, prenez conseil auprès d'une personne spécialisée dans ce domaine. Essayez éventuellement de trouver un coach professionnel qui vous aidera à construire votre projet et travailler votre confiance en vous.

- Apprenez à saisir les opportunités lorsqu'elles se présentent. Vous entendez que telle personne cherche à compléter son équipe ? Proposez vos services. Vous croisez une personne qui pourrait vous aider ? N'hésitez pas à l'aborder. Allez-y sans crainte, tout ce que vous risquez est un refus. Sachez mettre votre égo de côté et dédouanez-vous du regard de l'autre. Ce sont ces attitudes qui vous mèneront vers la liberté.

- Si vos objectifs sont trop ou pas assez élevés, redéfinissez-les en cours de route afin de ne pas vous démotiver. Conservez un regard attentif sur vous-même et sur votre situation, car celle-ci peut changer d'un jour à l'autre. Alors, ajustez-vous rapidement.

- Continuez à avancer ! Chaque pas, même le plus petit, vous rapprochera de votre rêve. Ne perdez donc pas trop de temps en questionnements inutiles. Mettez-vous simplement en marche, agissez, et vous verrez que les opportunités arriveront plus aisément.

FAQ

LA RÉUSSITE NE DÉPEND-ELLE QUE DE SOI ?

De nombreux paramètres dépendent essentiellement de soi : capacité à saisir les opportunités, audace, volonté, créativité, aptitude à dépasser les échecs, à se remettre en question, à réorienter son projet, etc. Néanmoins, certains facteurs restent indépendants de la volonté de l'individu : état de santé, événements traumatiques, type de société, âge, sexe, etc. Même si l'on peut toujours contourner les difficultés en faisant preuve de créativité, on ne décide évidemment pas de tout et les éléments externes peuvent bien entendu avoir une incidence dont il faudra tenir compte. L'essentiel alors sera d'être capable de s'adapter et de rebondir face aux difficultés ou à l'échec.

COMMENT BIEN S'ENTOURER POUR DÉVELOPPER SES CHANCES DE SUCCÈS ?

Pour mener à bien un projet, il faut sortir de l'isolement. L'idéal est de rejoindre un groupe de personnes qui sont dans la même dynamique. L'émulation collective permet de faire des bonds en avant, d'échanger des bonnes pratiques, mais aussi de confronter ses idées à celles des autres. En outre, le développement de son réseau professionnel formera aussi un des socles importants de son activité.

Le coach professionnel pourra aussi apporter un avis éclairé sur votre projet et orienter les décisions à prendre. Dans ce cas, comme lors du choix de n'importe quel professionnel (associé, comptable, juriste, etc.), il faudra s'assurer de sa compétence, mais également trouver une personne de confiance avec laquelle le contact passe bien.

POUR RÉUSSIR, FAUT-IL SE FIER À SON INSTINCT ?

La tendance à la rationalisation a progressivement relégué l'instinct au placard. Celui-ci n'étant basé sur aucun élément tangible, on lui apporte souvent peu de crédit. Toutefois, il s'agit d'un sens puissant qui peut être un très bon indicateur à qui sait s'en servir. Il peut en effet donner des orientations sur les décisions à prendre. Il faut savoir écouter sa petite voix intérieure, car c'est souvent la première solution que l'on envisage qui est la meilleure. Néanmoins il faudra toujours vérifier que l'on comprend bien la situation et veiller à ne pas confondre ses désirs avec ses intuitions.

PEUT-ON ÊTRE AMBITIEUX TOUT EN RESPECTANT DES VALEURS D'ALTRUISME, D'EMPATHIE ET DE GÉNÉROSITÉ ?

L'ambition a mauvaise presse lorsqu'elle est associée à des comportements individualistes (arrivisme, égoïsme, manque de solidarité ou d'empathie). Néanmoins, lorsqu'elle est guidée par des valeurs plus nobles de réalisation de soi au sein d'une communauté, elle est le moteur de grandes œuvres qui peuvent être utiles à l'humanité toute entière. Il suffit, par exemple, de penser aux lauréats du prix Nobel de la paix : ce sont leurs valeurs d'humanisme et d'altruisme qui les ont guidés et menés au bout de leur combat.

L'ambition noble et respectueuse d'autrui peut donc réellement soulever des montagnes et transcender l'être humain vers ce qu'il a de meilleur. Soyez à l'écoute de vos valeurs, elles ont le pouvoir de transformer un rêve en réalité.

UNE PERSONNE AMBITIEUSE DOIT-ELLE FORCÉMENT ÊTRE SÛRE D'ELLE ET DÉCOMPLEXÉE ? QUELS SONT LES BAGAGES NÉCESSAIRES À LA RÉUSSITE ?

L'assurance est un atout, mais elle n'est pas fondamentale. Une personne timide ou réservée peut parfaitement réussir et arriver là où elle le souhaite. Bien d'autres qualités sont nécessaires : la détermination, la persévérance, la capacité à saisir les occasions, l'organisation, l'audace, la résilience (capacité à rebondir après un coup dur), la créativité, la connaissance de son secteur, la fiabilité, la passion, la détermination, etc.

La réussite d'un projet peut néanmoins aider une personne qui était réservée au départ à devenir plus sûre d'elle. L'encadrement par un coach professionnel permettra de travailler cette notion d'assurance en montrant à la personne tous les défis qu'elle a été capable de relever et de l'amener à s'en féliciter.

COMMENT FAIT-ON POUR REBONDIR ET RÉUSSIR APRÈS UN OU PLUSIEURS ÉCHECS PROFESSIONNELS OU PRIVÉS ?

Il est parfois difficile de sortir la tête de l'eau après un échec. S'il s'agit de quelque chose de trop blessant, certaines personnes réagissent en culpabilisant, d'autres tombent dans le déni, et certaines agissent de façon agressive. Toutes ces attitudes constituent une manière de fuir le problème et de ne pas le regarder en face.

En affrontant ses responsabilités et en tirant les leçons de ses erreurs et de ses échecs, on tire des enseignements sur soi-même, sur les autres, mais aussi sur les moyens à mettre en œuvre pour dépasser la situation. Développer cette faculté de résilience fait gagner du temps, mais aussi de la lucidité pour changer son fusil d'épaule.

Pensez, par exemple, à l'industriel américain Henry Ford (1863-1947) qui a dû essuyer cinq échecs avant de lancer son entreprise automobile. Il considérait qu'« échouer, c'est avoir l'opportunité de recommencer de manière plus intelligente ». Belle leçon de persévérance !

COMMENT LES FEMMES PEUVENT-ELLES DÉVELOPPER LEUR AMBITION ? NE SERAIT-CE PAS UN DOMAINE PLUTÔT MASCULIN ?

Aujourd'hui, la majorité des femmes aspirent à trouver un emploi épanouissant et ambitionnent de devenir actrices de leur existence. Même si des stéréotypes et des clivages sexistes perdurent et que les femmes sont encore sous-représentées dans certains postes à responsabilité et de pouvoir, la cause féminine a fait beaucoup d'avancées.

Le grand challenge féminin actuel vise à concilier vie privée et professionnelle sans sacrifier un pan au détriment de l'autre. Un tournant a donc été pris et les femmes s'emparent pas à pas de leur destin et des champs de compétences autrefois réservés aux seuls hommes.

FAUT-IL DISPOSER DE BEAUCOUP D'ARGENT POUR RÉUSSIR ?

Si l'on souhaite évoluer dans sa carrière en étant salarié, il n'est pas nécessaire de débourser de l'argent. Il sera en revanche difficile de l'éviter dans l'entrepreneuriat. Toutefois, il ne faut pas obligatoirement disposer de sommes énormes ; pour démarrer, quelques milliers d'euros de fonds propres suffisent généralement. Cet investissement financier personnel démontrera que vous êtes prêt à risquer votre argent pour réaliser votre projet. Le reste peut faire l'objet de demandes de crédits auprès d'institutions financières.

La clé consiste donc à bien étudier le plan de financement, ses besoins personnels, son seuil de rentabilité, etc. Bref, il faudra établir des projections réalistes et un business plan en béton !

LE SUCCÈS PEUT-IL ARRIVER TOUT À COUP, SANS QUE L'ON S'Y ATTENDE ?

Le succès arrive très rarement tout seul. Ce sont les conditions que l'on aura créées qui favoriseront la réussite. Le hasard ou la chance ont donc généralement peu de lien avec la réussite à long terme. Néanmoins, si des éléments favorables se dessinent, il ne faut pas les manquer et les saisir au vol.

Y A-T-IL UNE LIMITE D'ÂGE POUR RÉUSSIR SA VIE PROFESSIONNELLE ?

On peut accomplir de grandes choses à n'importe quel âge. Il n'y a aucune limite pour cela, exceptés les freins que l'on s'impose soi-même, le regard que l'on porte sur soi. Tant que l'on dispose de suffisamment de détermination et d'un bon état de santé, on peut toujours décider de se reconvertir dans un nouveau domaine, de suivre sa passion, de vivre ce dont on a toujours rêvé.

À VOUS DE JOUER !

Vous disposez maintenant de nombreux outils pour démarrer et avancer pas à pas dans votre réflexion. Gardez en tête votre objectif final (votre rêve), car c'est lui qui vous donnera la force et la motivation nécessaires pour continuer en cas de coups durs. Au besoin, créez un petit tableau de visualisation positive pour vous projeter dans votre futur idéal. Il se compose d'images, de photos et de symboles qui représentent ce que vous voulez.

Des obstacles surgiront bien sûr sur votre route tout au long du chemin, mais après chaque petite victoire franchie, félicitez-vous ou célébrez-la avec votre entourage.

Le tableau récapitulatif ci-dessous pourra vous servir de guide. Affichez-le quelque part pour avoir une vision d'ensemble et voir où vous vous situez dans le processus.

Enfin, n'oubliez pas de vous changer les idées, de vous aérer, de faire du sport. La créativité arrive en lâchant prise, en se décalant, en prenant de la distance. Alors n'ayez pas de remords si vous ne vous investissez pas à chaque instant. Tant mieux, c'est comme cela que vous avancerez plus vite !

<table>
<tr><td colspan="2">Rêver</td></tr>
<tr>
<td>

- Passion
- Motivation
- Enthousiasme

</td>
<td>

- Harmonie
- Valeurs
- Émotions positives

</td>
</tr>
<tr><td colspan="2">Définir des objectifs</td></tr>
<tr>
<td>

- SMARTE: Spécifique, Mesurable, Accessible, Réaliste, Temporel, Éthique

</td>
<td>

- Authenticité
- Analyse SWOT : connaissance de soi et de son environnement

</td>
</tr>
<tr><td colspan="2">Sortir de sa bulle</td></tr>
<tr>
<td>

- Parler de son projet
- Rédiger un pitch
- Se confronter à la réalité
- Développer son réseau

</td>
<td>

- Solidarité
- Échange
- Partage
- Gratitude

</td>
</tr>
<tr><td colspan="2">Croire en soi</td></tr>
<tr>
<td>

- Valoriser ses compétence
- Se nourrir de ses réussites
- Être fier de son audace
- Se féliciter

</td>
<td>

- Bien s'entourer
- Se détourner des personnes négatives et des infos anxiogènes

</td>
</tr>
</table>

Établir un plan d'action

- Identifier les ressources nécessaires
- Se fixer des échéances
- Budgétiser

Passer à l'action

- Tester ses services ou ses produits
- Se lancer sans attendre
- Être proactif

Ne jamais abandonner

- Carburants : motivation, passion
- Se féliciter
- Être bienveillant envers soi
- Éviter la procrastination
- Transformer ses échecs en expériences
- Lâcher prise
- Respirer
- Se changer les idées

Votre avis nous intéresse !
Laissez un commentaire sur le site de votre
librairie en ligne et partagez vos coups de cœur sur
les réseaux sociaux !

POUR ALLER PLUS LOIN

SOURCES BIBLIOGRAPHIQUES

- BÉRUBÉ (Marie) et VACHON (Marc), *Oser changer. Mettre le cap sur ses rêves*, éd. Oserchanger.com, 2010.

- « Cécile, chef cuisinier », in *LesNouveauxAudacieux. com*, décembre 2015, consulté le 25 mars 2016. http://lesnouveauxaudacieux.com/2015/12/22/reconversion-cuisinier-cecilehatchuel-chef-publi-cite-lamangette/

- CESPEDES (Vincent), *L'Ambition ou l'épopée de soi*, Paris, Flammarion, 2013.

- CINTRAT (Frédérique), *Comment l'ambition vient aux filles ? Des histoires vivifiantes. 15 trucs et astuces pour réaliser ses ambitions*, Paris, Eyrolles, 2014.

- FILLIOZAT (Isabelle), *Petit cahier d'exercices pour se relever d'un échec*, Chêne-Bourg (Suisse), Jouvence, 2015.

- JACOB (André) et AUROUX (Sylvain), *Encyclopédie philosophique universelle Tome II : Les Notions philosophiques*, Volume I, Paris, PUF, 1990.

- LAURENT (Philippe), « L'ambition n'est pas une volonté de puissance, mais la réalisation de soi », in *L'Express L'Emploi*, novembre 2013, consulté le 25 mars 2016.
http://www.lexpress.fr/emploi/gestion-carriere/l-ambition-n-est-pas-une-volonte-de-puissance-mais-de-realisation-de-soi_1301058.html

- LOSIER (Alain), *Comment donner vie à ses rêves. Votre chemin d'abondance*, Paris, InterEditions, 2009.

- ROBBINS (Anthony), *Les onze lois de la réussite. De la part d'un ami*, Paris, J'ai lu, 2010.

- TONNELÉ (Arnaud), *65 outils pour accompagner le changement individuel et collectif*, Paris, Eyrolles, 2015.

SOURCE COMPLÉMENTAIRE

- Site des Femmes actives en réseau
http://www.reseau-far.be/

ISBN ebook : 978-2-8062-7820-3
ISBN papier : 978-2-8062-7821-0
Dépôt légal : D/2016/12603/157
Photo de couverture : © Olivier Le Moal - Fotolia.com

Conception numérique : Primento,
le partenaire numérique des éditeurs